BEI GRIN MACHT SICH IHR WISSEN BEZAHLT

- Wir veröffentlichen Ihre Hausarbeit, Bachelor- und Masterarbeit

- Ihr eigenes eBook und Buch - weltweit in allen wichtigen Shops

- Verdienen Sie an jedem Verkauf

Jetzt bei www.GRIN.com hochladen und kostenlos publizieren

Bibliografische Information der Deutschen Nationalbibliothek:

Die Deutsche Bibliothek verzeichnet diese Publikation in der Deutschen National-
bibliografie; detaillierte bibliografische Daten sind im Internet über http://dnb.d-
nb.de/ abrufbar.

Impressum:

Copyright © 2016 GRIN Verlag, Open Publishing GmbH
Druck und Bindung: Books on Demand GmbH, Norderstedt Germany
ISBN: 978-3-668-20241-2

Dieses Buch bei GRIN:

http://www.grin.com/de/e-book/320848/fallanalyse-einer-frau-aus-dem-irak-syste-
mische-beratung-in-einer-aufnahmestelle

Malgorzata Wimmer

Fallanalyse einer Frau aus dem Irak. Systemische Beratung in einer Aufnahmestelle für Flüchtlinge

GRIN Verlag

GRIN - Your knowledge has value

Der GRIN Verlag publiziert seit 1998 wissenschaftliche Arbeiten von Studenten, Hochschullehrern und anderen Akademikern als eBook und gedrucktes Buch. Die Verlagswebsite www.grin.com ist die ideale Plattform zur Veröffentlichung von Hausarbeiten, Abschlussarbeiten, wissenschaftlichen Aufsätzen, Dissertationen und Fachbüchern.

Besuchen Sie uns im Internet:

http://www.grin.com/

http://www.facebook.com/grincom

http://www.twitter.com/grin_com

Fallanalyse von Frau S., 36 Jahre, aus dem Irak

1 Kontext der Beratung

Ich arbeite in der Aufnahmestelle in X und im Zuge der Sozial- und Verfahrensberatung können Menschen, die auf der Flucht sind bzw. waren und in der EA ihren Asylantrag stellen wollen ihre Fluchtgründe zu begründen um vorübergehend oder dauerhaft Schutz in Deutschland zu bekommen.

Die Menschen möchten als erstes Informationen über die weitere Vorgehensweise in der Erstaufnahmestelle, die Zeit und Dauer ihres Aufenthalts, die weitere Vermittlung in die Landkreise nach Y erfahren. Die Flüchtlinge sind verunsichert, sie kennen unsere Kultur nicht, aufgrund der Sprachbarriere, können sie nicht kommunizieren. Zusätzlich können Fragen in Bezug auf die Familienzusammenführung, Verlegungswunsch zur Kernfamilie, medizinische Fragen oder das Asylverfahren besprochen werden.

2 Überblick über den Beratungsprozess

2.1 Angaben zur Klientin

Frau S., 36 Jahre alt, wohnte seit einem Tag in der EA-X, sie stammt aus dem Irak, geboren in Bagdad, ethnische Gruppenzugehörigkeit Kurdin, sie spricht Arabisch, trägt einen langen Mantel und ein Kopftuch, ich hätte sie als eine 50 jährige Dame geschätzt. Ihre zwei Söhne begleiten sie, Kind 1, 14 Jahre alt, Autist und Kind 2, 12 Jahre alt. Die Familie war über zwei Monate auf der Flucht und ist am 24.5.2015 in die Erstaufnahmestelle angekommen.

2.2 Dauer der Beratungen

Vom 24.06.2015 bis zum 20.07.2015 war S. in der EA-X. In dieser Zeit hatten wir vier intensive Gespräche im Büro, diese dauerten jeweils eineinhalb Stunden. Zweimal besuchte ich sie in ihrem Zimmer sowie einmal zur Begleitung zur Sandspieltherapie für ihren Sohn, die ich betreut hatte.

Zu diesem Sozial- und Verfahrensberatungen gehört noch die Betreuung von der Dolmetscherin Frau B. und einer ehrenamtlichen Mitarbeiterin, Frau C. die in dieser Zeit eine große Rolle gespielt hatte.

3 Anamnese/Hintergrund der Klientin

3.1 Visualisierungen der familiären Strukturen von Fr. S.

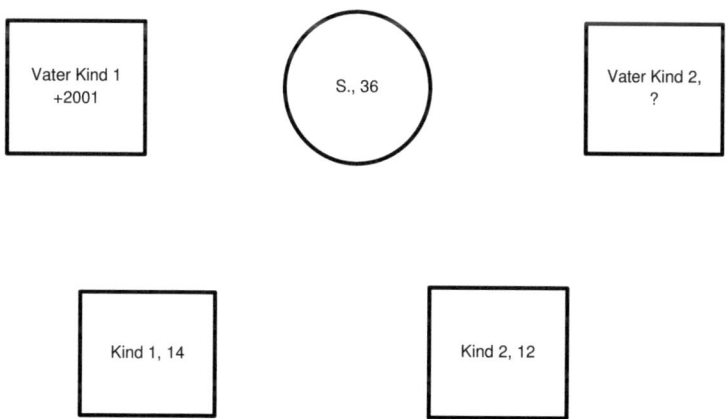

- **Erstkontakt**

Am 24.05.2015 kam Fr. S. mit ihren zwei Kindern in mein Büro und erzählte mir aufgeregt auf Arabisch ihre Geschichte. Ich verstand Sie leider nicht und zu dieser Zeit hatte ich keinen Arabisch-Dolmetscher zur Hand, deswegen habe ich ihr für den nächsten Tag einen Termin gegeben, bis dorthin konnte ich eine Dolmetscherin organisieren.

Dolmetscherin: Am folgenden Tag konnte ich eine Dolmetscherin für Arabisch und Kurdisch organisieren, die offiziell für die Sozial- und Verfahrensberatung übersetzt. Frau B. übersetzt für den Dolmetscherpool für den Landkreis Z. Sie ist geschult und seit mehreren Jahren als Dolmetscherin tätig

Frau S. kam mit ihren zwei Söhnen in die Beratung. Dem älteren Sohn Kind 1 konnte ich ansehen, dass er geistig abwesend war, als ob er in einer anderen Welt wäre. Die Klientin war sehr erleichtert als sie am nächsten Tag in mein Büro kam und die Dolmetscherin B. antraf, die sie herzlichst auf Kurdisch begrüßte.

Wir hatten eine Vereinbarung getroffen, damit S. Bescheid wusste, dass alles was sie sagte in maximal 2-3 Sätzen zurückübersetzt wurde, bevor sie weiter erzählen konnte.

Frau S. zeigte auf ihren jüngeren Sohn und stellte ihn als Kind 2 vor, dann deutete sie auf den älteren Sohn und sagte, dass er Kind 1 heißt. S. erzählte, als ihr Mann ermordet wurde, während des Saddam Hussein-Regimes, war ihr älterer Sohn Kind

1 gerade sieben Monate alt. Die Kultur verlangt, damit sich die Söhne von dem Vater verabschieden können, wird der Säugling auf den toten blutdurchströmten Körper des Vaters gelegt. Frau N. musste es zulassen. Sie konnte nicht zusehen, wollte den Säugling wegnehmen, doch sie hatte sich nicht getraut, sie stand gelähmt da und war wie erstarrt.

Sie musste aus ihrer Heimat, ihrem Haus weggehen da der Islamische Staat sie immer wieder bedrängte und nicht in Ruhe ließ. Sie musste regelmäßig Bakschisch bezahlen damit die IS ihr Haus in Ruhe lassen. Sie hatte ein großes Haus, viele Bedienstete und ein gutes, wohlhabendes Leben. Einige Leute haben ihr von der Flucht nach Europa erzählt. Sie bezahlte einige Schlepper, die sie aus dem Irak mit unterschiedlichen Fahrzeugen rausgebracht hatten und bis in die Türkei gebracht hatten. Sie war alleine mit ihren zwei Söhnen unterwegs. Bis nach Griechenland kam sie mit einigen Irakern, die ihr unterwegs geholfen hatten. Die Mittelmeerüberquerung war kräfteraubend, gefährlich und sehr stressig. Sie hatte viele persönliche Sachen im Meer verloren, hatte über 4.000USD für die Überfahrt in einem kleinen Schlauchboot bezahlt.

Weiter erzählte sie von Ungarn, wo sie zum ersten Mal von ihrem älteren Sohn Kind 1 getrennt wurde. in Ungarn wurde sie inhaftiert da sie sich nicht ausweisen konnte.

3.2 Hypothesen zu Beginn der Beratung

Diese Erzählung war für sie sehr emotionell. Sie hat viel geweint, konnte sich lange Zeit nicht beruhigen und deswegen konnte sie keine klaren Sätze bilden und sich artikulieren.

Die Erzählung von der Flucht, die vor allem die Mittelmeerüberquerung und die Haftzeit beinhalten, die sie zusammen mit ihren Kindern in Ungarn gemacht hat, war für sie ein traumatisierendes Erlebnis. Ihr jüngerer Sohn Kind 2 kam mit ihr in Haft und der ältere Sohn Kind 1, konnte mit einem Bekannten, den die Familie unterwegs getroffen hatte weitergehen. Aber wohin? Wie würde sie ihren Sohn Kind 1 wieder treffen? Er kann nicht alleine existieren, er ist behindert, er würde sterben.

Ich konnte ihren Erzählungen gut folgen, ebenfalls ihren Befürchtungen als besorgte Mutter. Sie tat mir leid und ich empfand große Traurigkeit in ihren Worten. Ich konnte ihre Gefühle, die durch Tränen und Seufzern gesättigt waren, sehr gut verstehen und nachempfinden.

Für Frau S. war dieser Gedanke, dass ihr Sohn Kind 1 sterben könnte, unerträglich. Sie hat geschrien, sie war in Panik ausgebrochen und konnte sich während des Erzählens kaum beruhigen. Drei Tage in der Haft haben sie fast in den Wahnsinn getrieben. Danach wurden ihre Fingerabdrücke zur Registrierung abgenommen und sie konnte entlassen werden. Wie sollte sie ihren Sohn finden?

Sehr aufgeregt hat sie weitererzählt. Obwohl, die Übersetzung der Dolmetscherin zu mir immer zeitversetzt war, konnte ich live in der Situation sein und ihre Emotionen nachempfinden.

Meine Gedanken waren bei dem kleinen Jungen, der irgendwo alleine mit einem Fremden unterwegs ist, vielleicht verwirrt, ängstlich und ohne ihm vertraute Personen. An dieser Stelle konnte ich deutlich spüren, wie ich als sechsjähriges Kind in einem Maschendrahtzaun hängengeblieben bin und stundenlang geweint habe, mein Körper tat weh als ich mich versuchte wegzureisen und nicht gehört wurde.

S. konnte ihren Sohn finden. Als Mutter hat sie ihre Kinder und sich selbst aus dem Krieg gerettet. Die lange und beschwerliche Flucht auf sich genommen. In Europa, in Ungarn- in einem Land, dessen Namen sie vorher noch nie gehört hatte, hat sie einen Sohn verloren. Der ältere Sohn, Kind 1 ist Autist, er ist in vielen Lebenslagen behindert, sehr eigenwillig, hat seine eigene Welt und sie hatte ihn im Stich gelassen. In einem Moment, wo er sie gebraucht hatte. S. gibt ihr eigenes Versagen zu, sie erzählte, dass ihr Sohn sie als Mutter nicht versteht. Viele Sachen sind bereits im Krieg und auf der Flucht passiert, wo das Vertrauen an seine Grenzen gegangen ist. Sie mussten vor dem Krieg flüchten, da ihre Mutter sie dort im eigenen Haus nicht beschützen konnte, dann auf dem Weg durch die vielen unbekannten Länder, wo alles fremd war, als nächstes kam das große Meer, gefährlich und wild und schließlich verliert sie ihren Sohn

Meine Hypothese zu Beginn der Beratung ist, dass die Klientin verzweifelt und überfordert ist. Sie kam nicht zur Ruhe, möchte ihren Kindern endlich einen sicheren Platz bieten, jedoch kann sie es nicht. Sie hat Angst, sie ist traumatisiert und versucht bei jeder Gelegenheit ihre Not zu erzählen und abzuladen.

4   Überweisungskontext

Die Sozial- und Verfahrensberatung in der Erstaufnahmestelle für Flüchtlinge in X dient als Orientierungshilfe für das weitere Vorgehen in Deutschland. Informationen und Beratung über den Ablauf des Verfahrens, Verfahrensrechte und Pflichten bei Asylantragstellung, Beratung und Begleitung im Hinblick auf die EU-Asylzuständigkeitsverordnung (Dublin III)- bei S. wäre das zuständige Land Ungarn, Abklärung eines besonderen Schutzbedürftigkeit im Einzelfall, Achtsamkeit bei Anzeichen einer Posttraumatischen Belastungsstörung (PTBS) oder anderen psychiatrischen oder körperlichen Krankheiten oder Behinderung.
Die Entwicklung einer neuen Lebensperspektive, sowie das Finden von Lösungsansätzen für die vielseitigen und sehr komplexen Probleme sind dabei unerlässlich.

5   Ziele und Auftrag der Klientin

- Eine „gute und sichere Zukunft" für ihre Kinder
- Stabilisierung der Klientin
- Informationen über die ersten Schritte in Deutschland
- Verlegungswunsch nach Y

Sie möchte zusammen mit ihren Kindern und ihrem Bekannten nach Y. Andere Bewohner in der Erstaufnahmestelle haben ihr erzählt, dass es viele Iraker dort gibt und auch sehr gute Schulen für Autisten.

Auf der Flucht hat sie in der Türkei einen Iraker kennengelernt, der sie während dieser Zeit unterstützt hat und sich um Kind 1 gekümmert hat. Herr A. war mit seinen Brüdern und Neffen unterwegs. Sein Zielland war Deutschland. Ein wichtiger Aspekt war die intensive Betreuung von Kind 1 während S. in Ungarn inhaftiert wurde. Später hatten sich Herr A. und Frau S. aus den Augen verloren und nach Wochen, trafen sie sich zufällig wieder in der Erstaufnahmestelle in X. Für Kind 1 war Herr A. eine sehr wichtige Person.

Nach intensiven Verhandlungen mit dem Regierungspräsidium wurden alle fünf Mitglieder der Familie A. und Familie N. S. mit ihren Kindern als Wunschverlegung nach Y erfasst.

- Im Zuge der Intervention der Verlegung nach Y hatte ich ihr die Weitervermittlung in die Psychotherapie (PBT- Y) erklärt. Nachdem Sie einverstanden war habe ich um einen baldigen Termin gebeten. Aus Erfahrung wusste ich, dass die Wartezeit sich bis zu acht Monaten hinziehen kann.
- Ein weiteres Ziel der Klientin war eine gute medizinische Versorgung für Kind 1
- Vorbereitung für den Asylantragstellung mit Wegbeschreibung
- Weitere Verlegungswünsche, die sich bei jedem Gespräch geändert hatten

6   Kontrakt

Es gibt keinen schriftlichen Kontrakt. Die Auftragsklärung wird beim Erstgespräch definiert, kann sich bei jedem weiteren Gespräch verändern.

Bei S. und ihren Kindern war die Hauptaufgabe die Stabilisierung. Frau S. hat ihre Ziele bei jedem Gespräch umformuliert und geändert. Ihre Verlegungswünsche wurden ständig umgeändert.

7   Darstellung des Beratungsverlaufs

Anfangs war die **Stabilisierungsphase**. Sie hatte Sorgen um ihre Söhne, vor allem um Kind 1, da er „krank" ist. Er hat seine eigene Welt die niemand versteht. Sie war mit der Situation überfordert.

Ich habe ihr viele Angebote vorgestellt die spezialisiert auf Flüchtlinge sind. Ich dachte an die Klientin selbst, da sie sich sehr schwach, überfordert, ängstlich und einsam zeigt, vor allem im Zusammenhang mit der Erziehung ihrer Söhne. Ich hatte sie im Zimmer besucht, um mir ein Bild zu machen. Mein erster Eindruck als ich ihr Zimmer gesehen hatte war negativ behaftet. Überall lagen Kleidungsstücke, auf dem Tisch standen viele leere Getränkeflaschen, verstreute Milchpackungen und Essensreste. Es roch sehr unangenehm.

Meine Gefühle stiegen ins Negative. Ich blieb ruhig und deutete mit meinem Finger auf die verstreuten Kleidungstücke, die herum liegenden Handtücher, Papiere, Süßigkeiten, Verpackungen und den Müll. Sie machte einen verdutzten Gesichtsausdruck, als ob sie nicht wusste, was ich meine. Vielleicht war es auch so.

7.1 Hypothesen während der Beratungsverlaufs

Meine Hypothese während der Beratungsverlaufs, dass die Klientin verzweifelt und überfordert war, hatte sich bestätigt. S. kam nicht zur Ruhe. Sie hatte Angst, ihren Kindern nicht gerecht zu werden, sie selbst ist traumatisiert und versuchte bei jedem Gespräch ihre Not zu teilen.

Persönlich denke ich, dass sie ihren Kindern kein gutes Beispiel sein kann da sie selbst unsicher und ängstlich ist.

In ihrer Heimat hatte sie Bedienstete, Menschen die diese Unordnung koordiniert haben, ihre Söhne hatten Ansprechpersonen, sie genossen eine gute Ausbildung. Sie musste sich um die Erziehung keine großen Sorgen machen. Die Situation im Krieg hat alles verändert. Spätestens seit S. auf der Flucht ist, muss sie alles selbst organisieren und koordinieren. Für mich war es bei jedem Gespräch erneut von neuen anzufangen. Jedes Mal war es ein Rückfall. Ich dachte, dass ich die Klientin in den Ersten Gesprächen bereits gut stabilisieren konnte, ihr Kraft und Mut geben konnte, ich bedachte jedoch nicht das Familiensystem, dass sich seit einigen Monaten anders entwickelte, als bisher in ihrer Heimat.

Als ich das Genogramm aufgezeichnet hatte, merkte ich erst, dass Kind 1 und Kind 2 Halbbrüder sind. Dieses Thema kam nie zur Sprache.

Auffallend war, dass der jüngere Sohn Kind 2 seine Mutter sehr manipuliert hatte. Er hatte sie während ihrer Erzählungen unterbrochen und mehrere Male gesagt, dass es nicht stimme, dass ihr die Kinder wichtig seien. Sie hatte Kind 1 alleine gelassen, sie hatte sich nicht gekümmert. Sie mussten von Zuhause weggehen, da es dort Krieg war und hier ist es auch wie im Krieg. Es wird geschossen, er hat keine Freunde hier und seine Mutter lüge.

Ich wollte den Jungen ebenfalls ins Gespräch einladen, jedoch gelang es mir nicht. Die Wörter die er direkt an die Mutter auf Arabisch richtete kamen sehr spät übersetzt zu mir. Die Dolmetscherin war überfordert. Sie sprach auf den Jungen mit mütterlicher Einfühlung und ruhig ein. Sie sagte, dass seine Mutter S. nur das Beste für die Beiden möchte, sie beschützt sie, sie seien jetzt in Sicherheit.

Ich unterbrach das Gespräch, S. war ersichtlich erschüttert und nur in Tränen fähig zu antworten Ich wiederholte die Wörter der Dolmetscherin um S. zu stärken und ihr Mut zu geben.

In diesem Gespräch hatte ich keine Handlungsfähigkeit. Das Dreiecksgespräch verlief eigentlich zwischen S., ihrem Sohn Kind 2 und der Dolmetscherin. B., die versucht hatte die Mutter zu stärken und zu rechtfertigen. Im Nachhinein, denke ich, dass es sehr viele ihrer eigenen Anteile dabei waren. B. hat vier Kinder, ist sehr streng gläubig und im Islam verankert, macht beim Ramadan mit und zwängt es ihren Kindern auf. Ihre Kinder müssen den Koran auf Arabisch lesen, zuhause wird Kurdisch gesprochen. Während mehrerer Beratungen, hatte ich ebenso die Dolmetscherin im Auge, damit die Übersetzung sachlich blieb und nicht zu sehr ins emotionale umkippte.

Im weiteren Gespräch schilderten Sie ihre Erfahrungen während der Flucht. Sie wäre bereit mit mir zur Live-Beratung nach W zu gehen. Ich hatte ihr den Nutzkontext für uns beide genannt. Die Dolmetscherin B. würde ebenfalls mitkommen.

7.2   Veränderungen zwischen den Beratungsverlaufs

Das darauf folgende Gespräch initiierte eine ehrenamtliche Helferin Fr. Dr. C. Sie kam in mein Büro, zusammen mit S. und ihrem jüngeren Sohn Kind 2. Fr. C. hatte erzählt, wie sie S. im Zug getroffen hatte und ihre Verzweiflung wahrnam. Die Familie N. wurde zuerst in die Aufnahmestelle in K. aufgenommen. Nach einigen Tagen wurde ihnen gesagt, dass sie nach X in die EA müssen da dort unter anderem Iraker untergebracht werden und die geeigneten Dolmetscher im Bundesasylamt gebe. Sie erhielten Fahrkarten nach X und wurden zum Bahnhof gebracht. Fr. C. hat die dreiköpfige Familie nach X gebracht. Anschließend würde sie mit der zuständigen Sozialarbeiterin abklären, welche Unterstützung zusätzlich noch angeboten werden könnte.

Telefonisch konnte ich die Dolmetscherin B. erreichen und das Gespräch auf kurdisch-deutsch führen. S. hat erneut von ihrer Sorge um die Kinder, vor allem wegen Sajad und einer geeigneten Schule für autistische Kinder erzählt. Eine gute Betreuung, ein schöner Wohnplatz sind ihr wichtig.

Im Zuge dieses Gesprächs hat S. davon erzählt, dass sie Bedenken hat, wegen der neulichen Bekanntschaft des Irakers Herrn A. Während der Flucht, vor allem in Ungarn war er eine unersetzliche Hilfe und Unterstützung für Kind 1, aber hier im Camp merkte sie, dass er einen schlechten Einfluss auf den Jungen hatte. Er ist nur mit dieser Männergruppe unterwegs, ignoriert die eigene Mutter und verwendet Ausdrücke und Redewendungen, auch Schimpfwörter die sie noch nie bei Kind 1 gehört hatte. Er hatte sich sehr ins Negative verändert, das sei ihr gar nicht recht.

Fr. C. hatte vorgeschlagen, dass sie nach V verlegt werden sollen, diese Stadt bietet viele Entfaltungsmöglichkeiten für Autisten und Unterstützung für die ganze Familie, sie wohne in der Nähe und könnte öfters die Familie besuchen und unterstützen. Sie möchte am kommenden Wochenende S. mit ihren Kindern nach V mitnehmen um ihnen die Stadt zu zeigen.

- **Verlegungswunsch nach V**

Erneut versuchte ich mit dem Regierungspräsidium zu verhandeln um die zwei Familien beim Verlegungswunsch zu trennen und Familie N. S. nach V zu verlegen. Es wurde nicht gern gesehen, jedoch habe ich all meine charmanten Eigenschaften und die starke Überzeugungskraft wirken lassen bis es doch funktioniert hat.

Ein weiteres Gespräch am nächsten Tag hat mich erneut durcheinander gebracht.

- **Verlegungswunsch zusammen mit Familie D.**

S. war mit A. bei mir im Büro und hatte erzählt, dass ihr Sohn Kind 2 sich sehr mit einer wiederum anderen irakischen Familie mit zwei Söhnen in seinem Alter angefreundet hatte. Sie möchten gerne zusammen nach V verlegt werden. Die Kinder haben einen guten Einfluss auf ihre Kinder. Die Familie D. hatte bereits den Asylantrag gestellt, alle medizinischen Untersuchungen wurden gemacht, aus diesem Grund ist ein Verlegungswunsch eher unwahrscheinlich, ich schrieb den Wunsch trotzdem auf und leitete es weiter an das Regierungspräsidium. Ich tat es eher um die Klientin zu beruhigen. Aus Erfahrung wusste ich bereits, dass es nicht klappen würde.

Eine Intervention beim Bundesasylamt und beim Gesundheitsamt hat Früchte getragen. Die Familie N. erhält bald möglichst Termine.

Im Zuge dessen hatte sich erneut das Misstrauen der Söhne in die Gesellschaft und die des fehlenden Vertrauens in die Mutter in Frage gestellt. Kind 1 und Kind 2 würden nicht zu den Untersuchungen gehen, sie haben panische Angst vor Ärzten und den medizinischen Checks.

- **Verlegungswunsch nach K**

Als ich am folgenden Tag in die Arbeit kam erwarteten mich ein Empfangskomitee der Familie N. und die Familie D., die mir panisch erzählten, dass Familie D. am gleichen Tag nach K verlegt werden würden. Sie hätten bereits gestern Abend erfahren, dass die vier Mitglieder der Familie D. verlegt werden und haben versucht meine Telefonnummer von der Infostelle herauszufinden, jedoch wurde diese nicht preisgegeben.

Ich dachte, Gott sei Dank verhielten sich die Kooperationspartner professionell und gaben solche internen Informationen nicht weiter. Es war zu spät für den Verlegungswunsch der Familie D. Die Verlegungen werden in K gemacht und die Familie D. war bereits fertig mit allen Angelegenheiten in der EA-X, deswegen wurden sie als verlegbar behandelt. Meine Intervention mit dem Regierungspräsidium hatte wenige Chancen ergeben. Das war mir klar, ich wollte nur, dass S. meine aktive Anteilnahme an ihrer Person sieht. S. möchte nach V und die Familie D. wurde in den Bezirk K verlegt. S. möchte ebenfalls nach K. Kurz darauf hatte die ehrenamtliche Mitarbeiterin Fr. C. bei mir angerufen um zu berichten, dass S. sie einige Male in der Nacht angerufen hatte, sie konnte sie auf Arabisch nicht verstehen.

7.3 Interventionen/ Wirkung der Interventionen (Stabilisierungsarbeit)

Erneut habe ich S. als Mutter bekräftigt und ihr einige Symbole auf den Tisch gelegt, die sie als Mutter in der Hand hat.

<u>Sicherheit</u>

<u>Gute Möglichkeiten für die gesundheitliche Betreuung für ihren Sohn Kind 1</u>

<u>Gute Vernetzung in V (Schulen, auch für Autisten)</u>

<u>Eine Vertrauensperson, die sie weiterhin als Ehrenamtliche begleitet</u>

Inzwischen hatte ich erfahren, dass die Klientin am nächsten Tag als erstes bei den Gesundheitsuntersuchungen dran kommen wird. Ich hatte ihr vorgeschlagen Herrn A. zu fragen, ob er ihren Sohn Kind 1 dorthin begleiten würde, da er es alleine mit der Mutter nicht schaffen würde.

Ich war verwirrt und durcheinander. Ich dachte an meine eigene Fluchtgeschichte. Mir wurde vermittelt, dass man sich angepasst zeigen soll und dankbar. Das Gegenteil erlebte ich bei der Betreuung von S. und ihren Kindern.

Am nächsten Tag erzählte die Klientin, dass Herr A. ihre Söhne Kind 1 und Kind 2 zur Untersuchung begleitet hatte und im Großen und Ganzen hatte es auch gepasst. In drei Tagen müssen sie wiederkommen um die notwendigen Impfungen zu machen.

Ich hatte Sie zur Geldauszahlung begleitet, sie hatte das Taschengeld für ihre Familie erhalten.

- **Verlegungswunsch nach Y**

Am Montag nach dem Wochenende kam sie und hat ihren Wunsch geäußert, dass sie jetzt doch wieder nach Y möchte, zusammen mit Herrn A.s Familie. Sie äußerte wieder ihre Ängste, sie ist traumatisiert und überfordert, die Kinder machen Druck auf sie, sie kann es nicht steuern, muss weinen, sie ist völlig aufgelöst und durcheinander.

Ich hatte ihr deutlich gemacht, dass es nicht möglich sei. Es ist kein Basar und normalerweise wird vom Regierungspräsidium nur ein Verlegungswunsch akzeptiert.

Ihr Sohn Kind 2 weinte, tobte und zeigte kein Verständnis. Er möchte zu der Irakischen Familie D. gehen. Kind 1, ihr anderer Sohn möchte nach Y mit Herrn A. und seiner Familie. S. war durcheinander, weinte und zeigte sich nicht kooperativ. Sie möchte ebenfalls nach Y, dort kennt sie Iraker und die würden ihr helfen.

Ich machte ihr deutlich, dass ich gar keinen Einfluss mehr habe. Ich wisse nicht, ob V ihre Familie aufnehmen würde da es Quoten gäbe und viele Asylwerber wollen dorthin. Es dauert lange bis sie es versteht. Gleichzeitig erklärte ich ihr, dass mir viel an ihr liegen würde. Ich möchte sie weiterhin begleiten und unterstützen, jedoch bin ich am Ende meiner Geduld, Verständnis und Akzeptanz ihrer launischen Wechsel. Ich betreue viele andere Menschen hier, jedoch sie gehört zu den härtesten Fällen. Ich zeigte ihr deutlich meine Grenzen. Sie wirkte beleidigt, weinte und schluchzte bitterlich und verließe mein Büro.

Ich war einerseits traurig, da ich sie „enttäuscht hatte" andererseits dachte ich, dass auch sie als Flüchtling meine Grenzen und die vom betreuenden Staat akzeptieren müsste.

Zwei Tage nach unserem letzten Gespräch erzählte Sie, dass ihre Kinder die Impfungen bekommen hatten, forderte gleichzeitig ihren Termin für die Asylantragstellung. Ich sagte, dass ich bereits ein Email geschrieben habe und ich habe mit dem Bundesasylamt telefoniert, sie müsse sich gedulden. Die Stabilisierung dauerte eine Stunde bis ich ihr ihre Ängste und Sorgen nehmen konnte.

In der gleichen Beratung hatte ich sie auf das Interview beim BAMF vorbereitet. Die Dolmetscherin hatte alle Fragen übersetzt, sie sollte sich alles nochmals überlegenden Fluchtweg aufschreiben. Das seien nur die Asylantragstellung und die Wegbeschreibung, erst nach einer Wartezeit von ungefähr 18 Monaten würde sie das große Interview mit persönlichen Gründen für ihre Flucht haben. Es wird jetzt geprüft, ob Deutschland für Sie zuständig sei (Dublin III), es werden andere Länder befragt, wo sie ihre Fingerabdrücke abgegeben hatte, z.B. Ungarn, das heißt, dass sie eigentlich "abgeschoben werden wird", sollte Ungarn zustimmen- und keine Einwände erhoben werden.

Nach ihrer Verlegung in eine Gemeinschaftsunterkunft müsse S. mit einer Indizierung einer medizinischen Führsorge für Kind 1 anfangen. Frau C. würde sie bestimmt weiterhin unterstützen. Eine regelmäßige Gesundheitsfürsorge könnte eine Abschiebung verhindern.

Nach einer Stunde Beratung konnten wir uns verabschieden und ich hatte ihr mitgeteilt, dass ich die nächsten zwei Tage nicht in der EA sein werde. Am Wochenende würde mein Mann sie abholen zwecks der Live-Beratung in W.

Am nächsten Tag hatte Shama ihr Asylantragstellungstermin.

7.4   Abschluss

Am darauffolgenden Tag erhielt ich einen Anruf von Fr. C., irgendjemand hatte bei ihr angerufen, sie sollte in die EA kommen, S. würde nach V verlegt, sie hatte Angst, und Fr. C. hatte ihr versprochen, dass sie sie mit dem Auto fährt.

Durch die Dolmetscherin B. hatte ich erfahren, dass sie in W sei, dort gibt es einen Iraker der ihr hilft. Er war mit ihr bereits beim Sozialamt wegen „Geld besorgen", er kann und wird sie sprachlich unterstützen, da er schon länger in Deutschland wohnt. Meine Gedanken waren positiv erfüllt, sie hat Unterstützung, ihr geht's gut.

Ich hatte zuerst den Gedanken an die Live-Beratung verwerfen wollen um keinen nötigen Stress zu hervorrufen, dann aber dachte ich, dass es vielleicht gut sei, dass sie so nah an der Live-Beratungs-Möglichkeit sei. Ich könnte sie persönlich in W abholen und zur Beratung mitnehmen. Mit Frau B. hatte ich vereinbart, dass sie die S. nochmals anrufen soll um meine Vorgehensweise zu bestätigen.

Mit der Verlegung der Klientin in eine andere Gemeinschaftsunterkunft endete eigentlich die Betreuung und Unterstützung durch mich. Ich wollte meine Live-Beratung trotzdem noch machen um einen guten Abschluss für S. zu bekommen. Ich hatte mit einer Stabilisierungsarbeit gerechnet, mit positiven Symbolen, die sie selbst stärken sollen und ihr Kraft für die weiteren Schritte in Deutschland geben würden.

8 Abschluss mit Einschätzung des Prozesses

Am nächsten Tag hatte B. bei mir angerufen und gemeint, dass Frau S. wahnsinnig sei. Es war Ramadan-Schluss, alle haben gefeiert, ebenfalls die Dolmetscherin mit ihrer Familie. S. hatte sie einige Male in der Nacht angerufen, heftig geweint, sie würde nicht in der Unterkunft bleiben, sie sei enttäuscht von mir und der Dolmetscherin. Wir hätten nichts getan. Es gäbe einen Friedhof neben dem Haus, die Kinder würden weinen, sie würden nicht dort bleiben wollen. Die Dolmetscherin hatte vergessen ihre Nummer zu unterdrücken. B. hatte versucht sie zu beruhigen und zusammenzufassen, was bereits getan worden ist. Sie sei in der Nähe von V, was gut für Kind 1 und für Kind 2 sei. B. hatte von ihrer eigenen Integration erzählt und von ihren kleinen Schritten als sie in Deutschland ankam.

Sowohl meine Bemühungen, die Klientin zu stabilisieren, als auch das große Engagement der Dolmetscherin, hatten nicht geholfen.

8.1 Rückmeldungen der Klientin/ Dolmetscherin

Die Klientin konnte nicht zuhören. Sie hatte nur geweint. Sie möchte zum Live-Termin kommen, sie nimmt die Kinder mit, sie würden vor dem Haus warten, danach würde sie nach Y fahren. Sie hält es in der Gemeinschaftsunterkunft in W nicht aus.

Ich habe das Vorhaben unterbrochen. Habe B. erklärt, dass es keinen Sinn hätte, Frau S. sei schwer traumatisiert. Es tat mir Leid für Frau B., dass ich zu weit gegangen bin. Ich hätte es nicht so weit kommen lassen sollen. Mit der Verlegung der Familie N. hätte die Betreuung sofort beendet werden sollen.

Wir würden die Live-Beratung nicht machen können. Frau S. sei zu unstabil, egal was ich ihr anbieten würde, könnte die Klientin zur gegebenen Zeit es nicht annehmen, da sie traumatisiert sei. Für Fr. S. würde in W gut gesorgt werden, es gibt dort einen Freundeskreis für Asyl, Sozialarbeiter, die ehrenamtliche Mitarbeiterin Fr. C., die sie weiterhin begleiten möchte. Für uns sei es zu Ende. Ich habe der Dolmetscherin angeboten stattdessen die Live-Beratung in W zu machen. Sie hatte angenommen.

8.2 Rückmeldungen der Ehrenamtlichen

Frau C. hatte verzweifelt erzählt, wie schwer es ihr fällt, die Klientin weiterhin zu unterstützen. S. sei fordernd und ständig unzufrieden. Ich hatte ihr geraten auf Distanz zu gehen. Zu viel Nähe sei nicht gut, da die Klientin keine Grenzen kenne und diese akzeptieren würde. Sie müsse sich selbst schützen. Sie sollte Prioritäten setzen- die Indizierung der Einschulung von Kind 2 und die Unterstützung bei den medizinischen Schritten bei Kind 1, das wären wichtige Angelegenheiten. Sie soll nicht nach Y fahren, die staatlichen Schritte dürfte sie nicht überschreiten.

9 Eventuelle Nachbetreuung

Mit der Dolmetscherin B. hatte ich die Live-Beratung in W gemacht. Für sie war es entlastend. Es hat sich herausgestellt, dass die Übersetzungsarbeit für Frau B. während unseren Beratungen sehr belastend ist. Ihre eigene Fluchtgeschichte kam öfters in den Vordergrund. Ihre familiären Probleme, vor allem mit ihrer pubertierenden Tochter kamen ebenfalls ins Spiel. Die großen kulturellen Unterschiede bei ihren religiösen Werten der islamischen Kultur und der deutschen Kultur kamen nach Jahren gelungener Integration in den Vordergrund. Ich hatte mit Symbolen gearbeitet, sie konnte einiges mitnehmen. Zum Schluss habe ich noch die Methode "ein sicherer Platz" angewendet und aus dem "knuddeln" Buch vorgelesen.

Mein Fress-Tiger hat ebenso gute Dienste geleistet. Ich hatte Frau B. aufgefordert Namen von Menschen auf einen Zettel Papier aufzuschreiben die sie in der letzten Zeit sehr belastet hatten und ihr schlaflose Nächte zubereitet hatten. Auf ein Stück Papier jeweils nur einen Namen aufschreiben, danach konnte sie diese Menschen in den Fresstiger hineinstopfen und die Tigerpuppe aß alle auf. Der Tiger blieb immer bei mir im Büro und ebenfalls diese Menschen samt ihrer Geschichten, die Fr .B. belasten hatten. Die Beratung hatte ihr geholfen.

9.1 Wirkung der Supervision/Kollegialer Supervision/das Reflecting Team

Direkt nach meiner Live-Beratung wurde der Fall besprochen. Ich hatte mehrere Methoden angewendet, die von der Klientin angenommen wurden. Ich war sehr einfühlsam und verständnisvoll. Der Fall S. hatte die Dolmetscherin sehr belastet. Ich konnte ihr die Last nehmen, sie als Dolmetscherin stärken und bekräftigen. Frau S. konnte die Unterstützung und die verschiedenen Hilfeangebote von mir, sowie von der Dolmetscherin nicht annehmen, da sie schwer traumatisiert war. Frau S. war unstabil, ängstlich, überfordert und nicht im Stande zu unterscheiden, wer gut für sie war und wer nicht. Sie konnte keine Grenzen zwischen Distanz und Nähe wahrnehmen. Das Feedback des Reflectings Teams hatte Frau B. neuen Lebensmut gegeben. Ihr wurde nochmals vor Augen geführt, dass sie eine starke, einfühlsame und kluge Frau sei. Sie hat in ihren Leben alles richtig gemacht. Sie kümmert sich um ihre Familie, ist ein sehr gutes Vorbild für ihre Kinder, sie hatte sehr schnell Deutsch gelernt und sich in die deutsche Gesellschaft integriert. Diese Sätze taten ihr gut.

Das Reflecting-Team hatte meine Sichtweisen in der Beratung sowohl von Frau S., als auch die Live-Beratung von Fr. B. bekräftigt. Ich fühlte mich gut, da meine Arbeit geschätzt und als wertvoll anerkannt wurde.

10 Reflexion

Die intensive Betreuung von Frau S. mit ihren Kindern war sehr herausfordernd und anstrengend. Anfangs war es nur reine Stabilisierungsarbeit, die ich bereits von anderen Flüchtlingen kenne. Viel Empathie zeigen, zuhören und auf die bereits gemachten, sicheren Schritte in Deutschland hinweisen. Doch bei Frau S. war es jedes Mal aufs Neue eine anstrengende Stabilisierung und Beruhigungsarbeit notwendig. Jedes Gespräch war eine große Herausforderung, da die Klientin jedes Mal einen neuen Plan hatte, einen neuen Verlegungswunsch, neue Personen kamen ins Spiel, und es dauerte jedes Mal ungefähr eine Stunde bis ich S. wieder beruhigen, bekräftigen und stabilisieren konnte.

In der EA-X gab es diesen aufwändigen Betreuungsrahmen nicht. Die Menschen kamen halbstündlich zu mir ins Büro, da sie vor allem Informationen benötigen. Bei Frau S. war es anders. Ihr Familiensystem kam durcheinander. Sie hatte keinen Halt mehr. Ihre Welt ist zusammengebrochen. Die ursprünglichen Mitglieder ihres Systems zuhause waren weg. Sie war alleine, nur auf sich selbst gestellt. Die Klientin wollte für ihre Kinder eine starke Mutter sein, jedoch war sie selbst eine schwache, unstabile, ängstliche und verwirrte Person, die dringend Hilfe bräuchte, diese jedoch nicht annehmen konnte.

Die Klientin hatte kein Vertrauen in die Menschen oder in ihre Umgebung. Alle und alles war schlecht und jeder war gegen sie. Ich zeigte ihr ihre Stärken und ihre eigenen Ressourcen auf, ich hatte sie als Frau und Mutter gelobt und bekräftigt. Trotz meiner Bemühungen war sie unzufrieden und hatte zum Abschluss noch telefonisch der Dolmetscherin mitgeteilt, dass ich nichts für sie gemacht hätte.

Ich bin sehr enttäuscht, da meine Beratungen nicht den erwünschten Erfolgt gezeigt hatten. Mit meinem Begleitschreiben an die Sozialarbeiter in der Gemeinschaftsunterkunft hatte ich um eine Vermittlung für Psychotherapie nach V gebeten. Ich hoffe für Frau S., dass sie diese annehmen kann. Sie bräuchte Unterstützung in der Erziehung von ihren Kindern sowie eine Stabilisierung für sich selbst.

BEI GRIN MACHT SICH IHR
WISSEN BEZAHLT

- Wir veröffentlichen Ihre Hausarbeit,
  Bachelor- und Masterarbeit

- Ihr eigenes eBook und Buch -
  weltweit in allen wichtigen Shops

- Verdienen Sie an jedem Verkauf

Jetzt bei www.GRIN.com hochladen
und kostenlos publizieren